Impressum
Verlag: BABADADA GmbH, Nedderfeld 112 , 22529 Hamburg
Geschäftsführer / Verlagsleitung: Harald Hof
Druck: Books on Demand GmbH, In de Tarpen 42, 22848 Norderstedt

Imprint
Publisher: BABADADA GmbH, Nedderfeld 112 , 22529 Hamburg, Germany
Managing Director / Publishing direction: Harald Hof
Print: Books on Demand GmbH, In de Tarpen 42, 22848 Norderstedt

shule

l'école

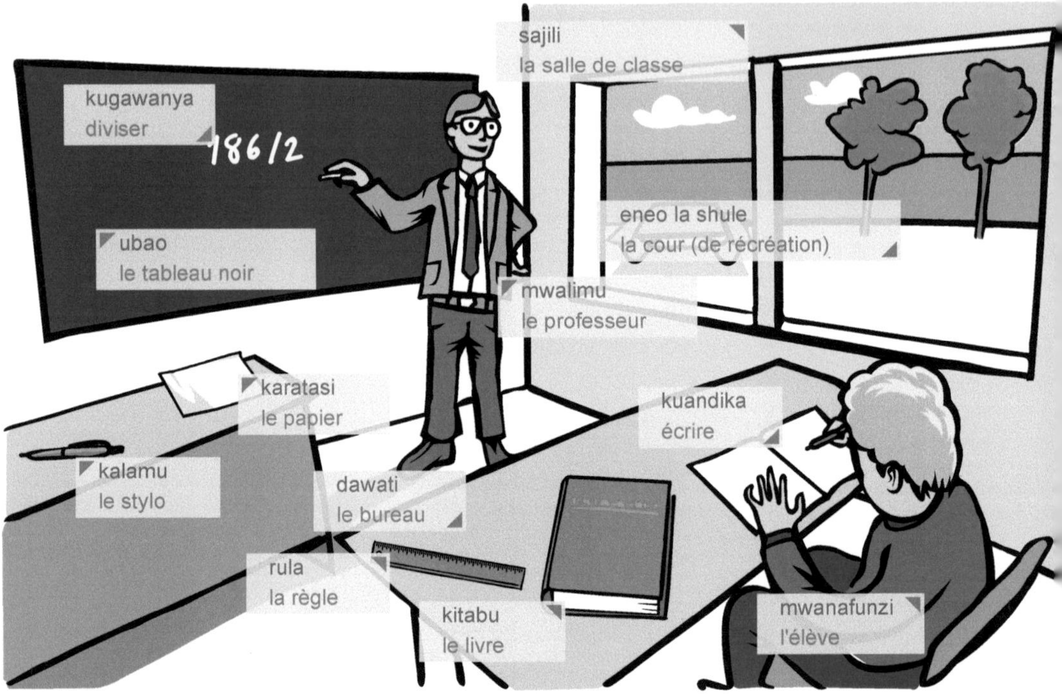

sajili
la salle de classe
kugawanya
diviser
186/2
ubao
le tableau noir
eneo la shule
la cour (de récréation)
mwalimu
le professeur
karatasi
le papier
kuandika
écrire
kalamu
le stylo
dawati
le bureau
rula
la règle
kitabu
le livre
mwanafunzi
l'élève

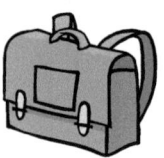

mkoba

le cartable

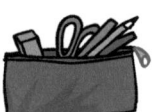

kikasha cha penseli

la trousse

penseli

le crayon

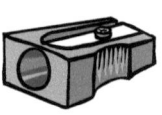

kichonga penseli

le taille-crayon

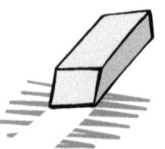

mpira

la gomme

pedi ya kuchora

le carnet à dessin

uchoraji
le dessin

brashi ya rangi
le pinceau

sanduku la rangi
la boîte de peinture

mkasi
les ciseaux

gundi
la colle

daftari
le cahier d'exercices

kazi ya nyumbani
les devoirs

nambari
le chiffre

jumlisha
additionner

ondoa
soustraire

zidisha
multiplier

kokotoa
calculer

barua
la lettre

alfabeti
l'alphabet

neno
le mot

maandishi

le texte

kusoma

lire

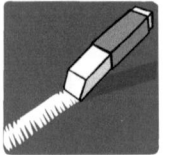

chaki

la craie

somo

la leçon

sajili

le livre de classe

uchunguzi

l'examen

cheti

le certificat

sare za shule

l'uniforme scolaire

elimu

la formation

elezo

le lexique

chuo kikuu

l'université

darubini

le microscope

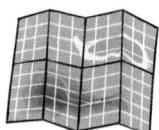

ramani

la carte

kikapu cha kuweka karatasi
chafu

la corbeille à papier

usafiri

le voyage

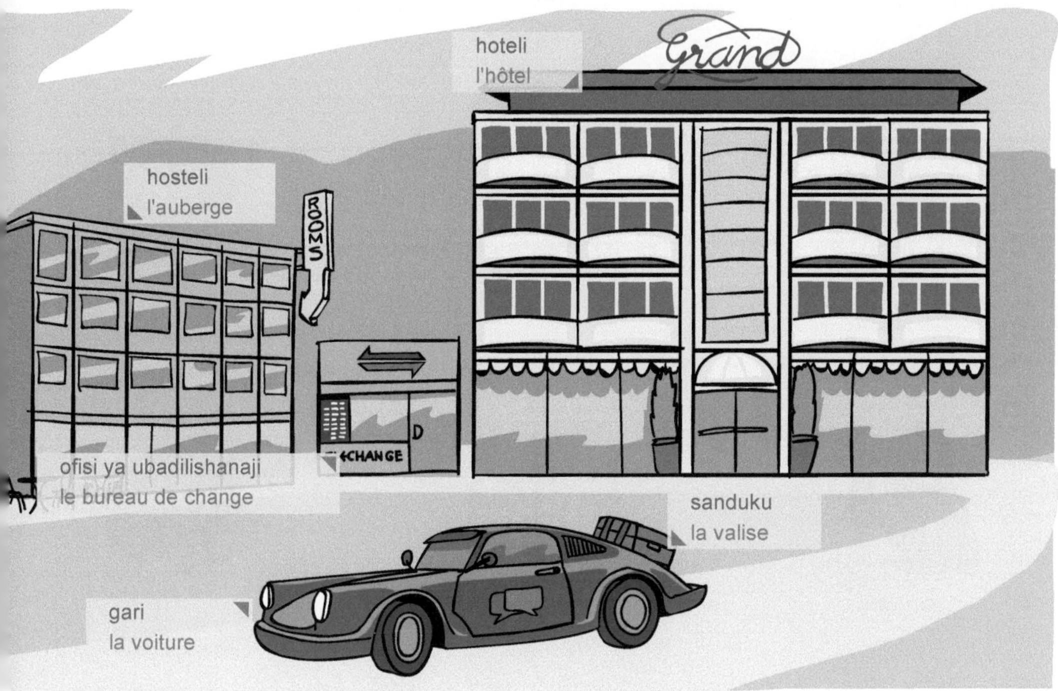
hoteli
l'hôtel
Grand
hosteli
l'auberge
ROOMS
ofisi ya ubadilishanaji
le bureau de change
CHANGE
sanduku
la valise
gari
la voiture

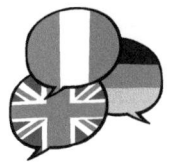

lugha

la langue

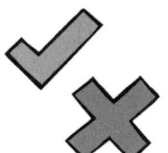

ndiyo / la

oui / non

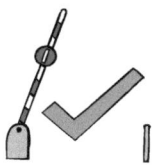

sawa

d'accord

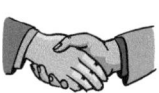

hujambo

Salut

mtafsiri

l'interprète

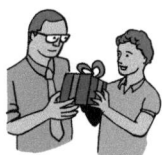

Asante

merci

kiasi gani ni ...?

Combien coûte...?

Sielewi

Je ne comprends pas

tatizo

le problème

Jioni njema!

Bonsoir !

Habari za asubuhi!

Bonjour !

Usiku mwema!

Bonne nuit !

kwa heri

Au revoir

mwelekeo

la direction

mizigo

les bagages

mfuko

le sac

shanta

le sac-à-dos

mgeni

l'hôte

chumba

la pièce

begi la kulalia

le sac de couchage

hema

la tente

taarifa ya utalii

l'office de tourisme

ufuo

la plage

kadi

la carte de crédit

kifunguakinywa

le petit-déjeuner

chakula cha mchana

le déjeuner

chakula cha jioni

le dîner

tiketi

le billet

kuinua

l'ascenseur

muhuri

le timbre

mpaka

la frontière

mila

la douane

ubalozi

l'ambassade

visa

le visa

pasipoti

le passeport

usafiri

le transport

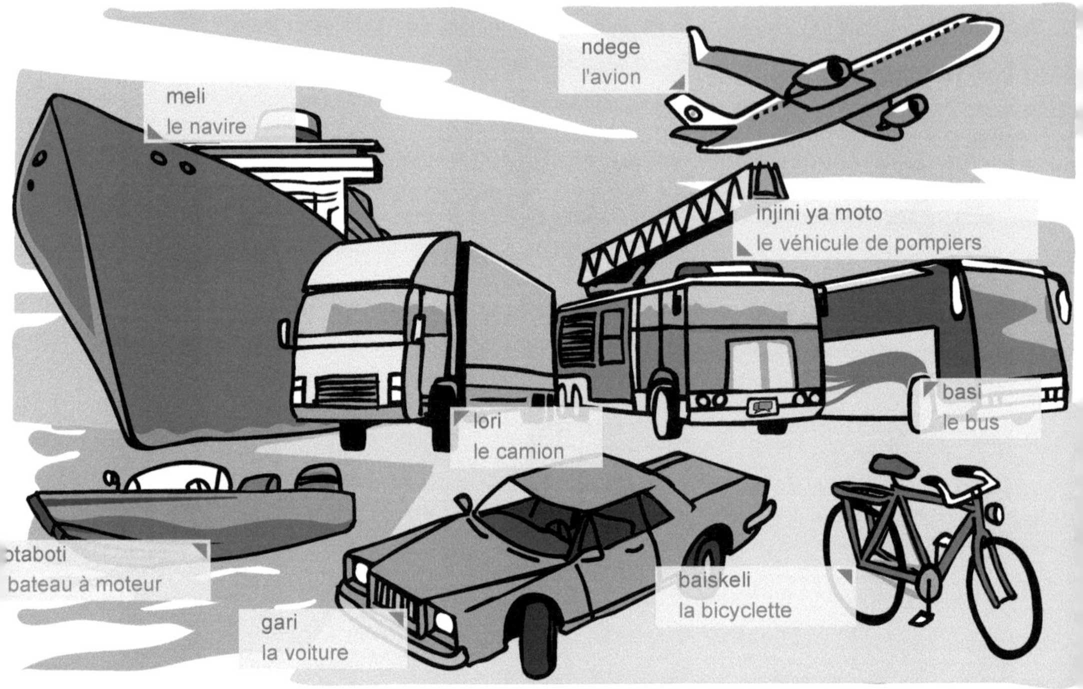
ndege
l'avion
meli
le navire
injini ya moto
le véhicule de pompiers
basi
le bus
lori
le camion
otaboti
bateau à moteur
baiskeli
la bicyclette
gari
la voiture

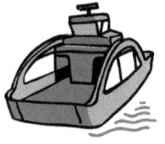

feri

le ferry

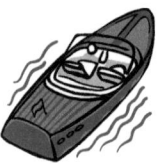

mashua

la barque

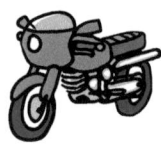

pikipiki

la moto

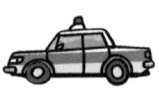

gari la polisi

la voiture de police

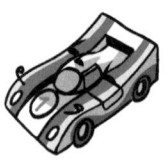

gari la mashindano

la voiture de course

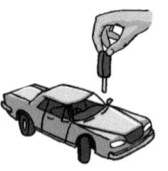

gari la kukodisha

la voiture de location

kushiriki gari

l'auto-partage

lori la kuvuta

la voiture de remorquage

ukusanyaji taka

la benne à ordures

motor

le moteur

mafuta

l'essence

kituo cha mafuta

la station d'essence

ishara trafiki

le panneau indicateur

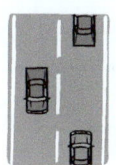

trafiki

le trafic

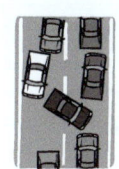

msongamano

l'embouteillage

maegesho

le parking

kituo cha treni

la gare

reli

les rails

garimoshi

le train

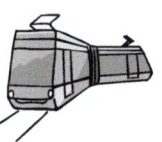

tremu

le tramway

gari la mizigo

le wagon

helikopta

l'hélicoptère

uwanja wa ndege

l'aéroport

mnara

la tour

abiria

le passager

chombo

le conteneur

katoni

le carton

mkokoteni

le chariot

kikapu

la corbeille

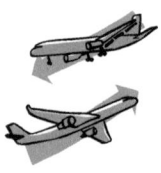

ondoka

décoller / atterrir

jiji

la ville

kijiji

le village

katikati ya jiji

le centre-ville

nyumba

la maison

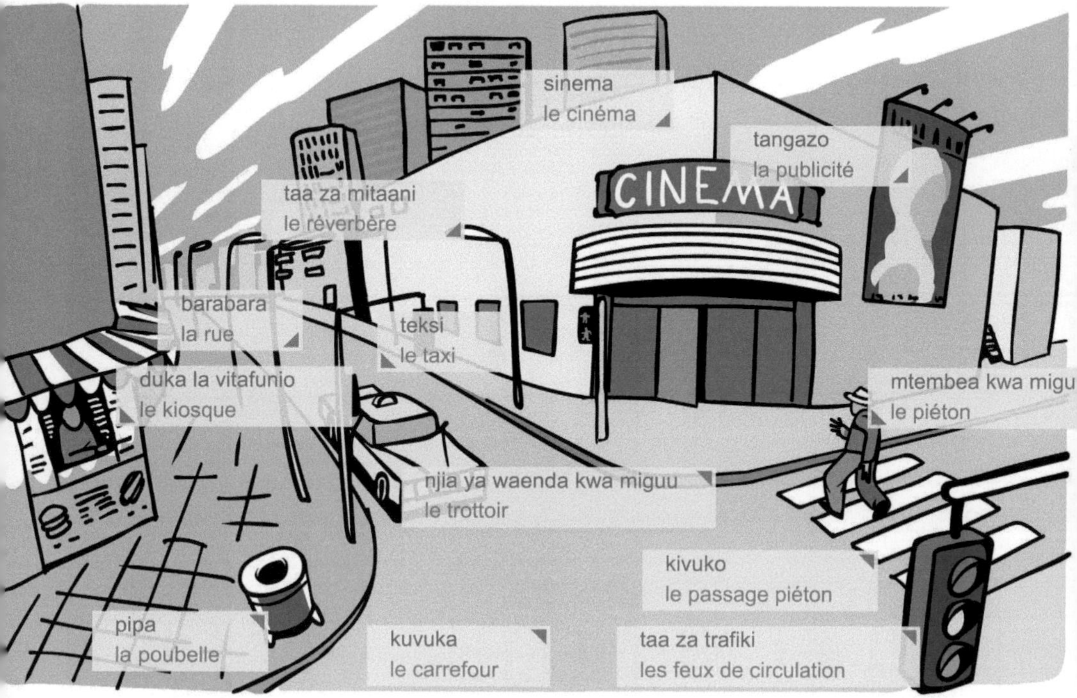
sinema
le cinéma
CINEMA
tangazo
la publicité
taa za mitaani
le réverbère
barabara
la rue
teksi
le taxi
duka la vitafunio
le kiosque
mtembea kwa migu
le piéton
njia ya waenda kwa miguu
le trottoir
kivuko
le passage piéton
pipa
la poubelle
kuvuka
le carrefour
taa za trafiki
les feux de circulation

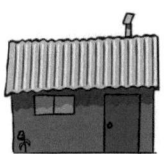

kibanda
la cabane

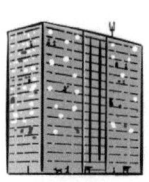

gorofa
l'appartement

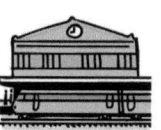

kituo cha treni
la gare

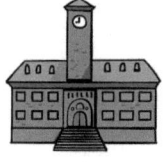

ukumbi wa mji
la mairie

MUSEUM
Makavazi
le musée

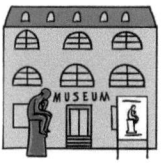

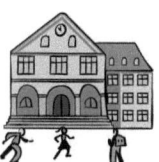

shule
l'école

chuo kikuu

l'université

benki

la banque

hospitali

l'hôpital

hoteli

l'hôtel

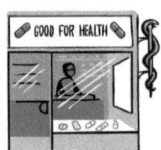

duka la dawa

la pharmacie

ofisi

le bureau

duka la kitabu

la librairie

duka

le magasin

duka la maua

le fleuriste

dukakuu

le supermarché

soko

le marché

idara ya kuhifadhi

le grand magasin

mwuza samaki

la poissonnerie

kituo cha ununuzi

le centre commercial

bandari

le port

Hifadhi

le parc

benki

la banque

daraja

le pont

vidato

les escaliers

chini ya ardhi

le métro

handaki

le tunnel

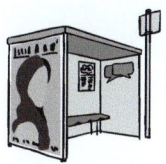

kituo cha mabasi

l'arrêt de bus

bar

le bar

mgahawa

le restaurant

sanduku la posta

la boîte à lettres

ishara ya barabara

le panneau indicateur

mita ya maegesho

le parcmètre

bustani ya wanyama

le zoo

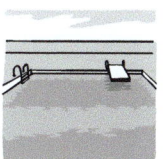

kidimbwi cha kuogelea

le réverbère

msikiti

la mosquée

shamba

la ferme

uchafuzi

la pollution

makaburini

la cimetière

kanisa

l'église

uwanja wa michezo

l'aire de jeux

hekalu

le temple

mazingira

le paysage

jani
la feuille

ishara ya mwelekeo
le panneau indicateur

njia
le chemin

malisho
le pré

jiwe
la pierre

mtembeaji wa masafa
le randonneur

mti
l'arbre

mto
la rivière

nyasi
l'herbe

ua
la fleur

bonde

la vallée

kilima

la montagne

ziwa

le lac

msitu

la forêt

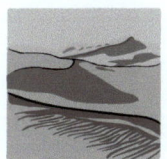

jangwa

le désert

volkano

le volcan

ngome

le château

upinde wa mvua

l'arc-en-ciel

uyoga

le champignon

mtende

le palmier

mbu

le moustique

kuruka

la mouche

chungu

les fourmis

nyuki

l'abeille

buibui

l'araignée

mende

le coléoptère

chura

la grenouille

kuchakuro

l'écureuil

nungunungu

le hérisson

sungura

le lièvre

bundi

la chouette

ndege

l'oiseau

swan

le cygne

nguruwe mwitu

le sanglier

kulungu

le cerf

aina ya kongoni

l'élan

bwawa

le barrage

tabo ya upepo

l'éolienne

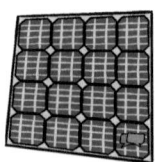

nishaji ya jua

le panneau solaire

hali ya hewa

le climat

mgahawa
le restaurant

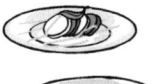

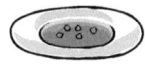

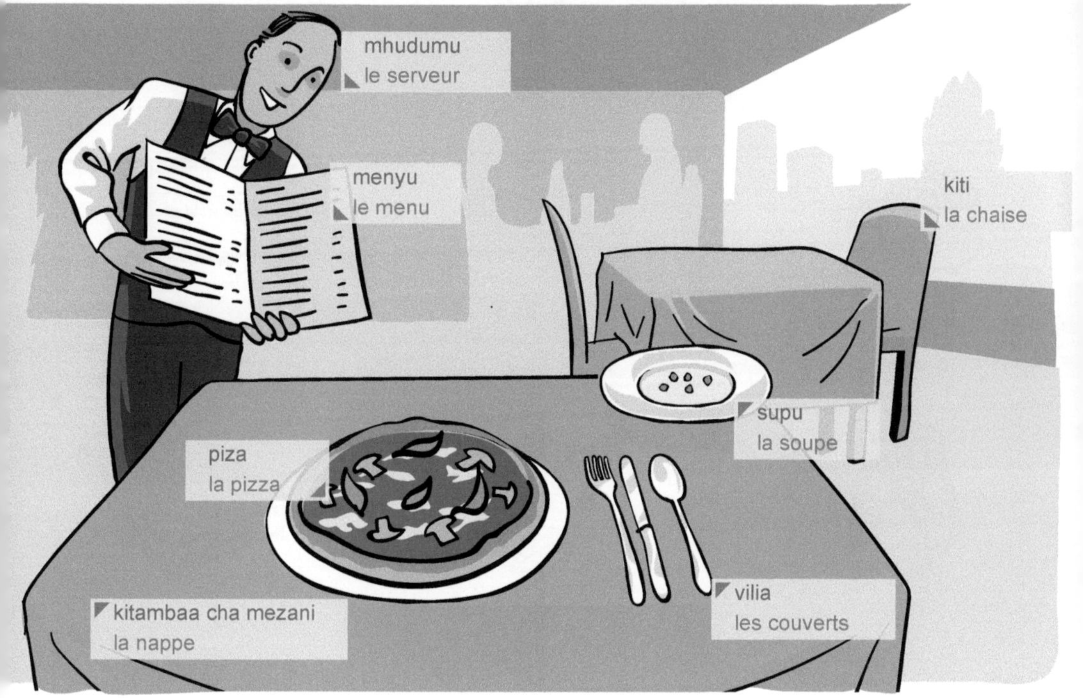
mhudumu
le serveur
menyu
le menu
kiti
la chaise
supu
la soupe
piza
la pizza
kitambaa cha mezani
la nappe
vilia
les couverts

kiamsha hamu

les hors d'œuvre

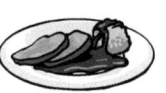

kozi kuu

le plat principal

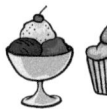

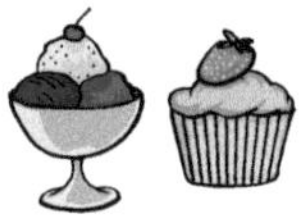

kitindamlo

le dessert

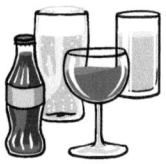

vinywaji

les boissons

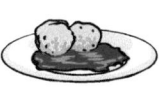

chakula

l'alimentation

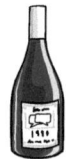

chupa

la bouteille

chakula cha haraka

le fast-food

Streetfood

les plats à emporter

buli

la théière

kisanduku cha sukari

le sucrier

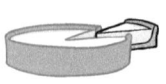

sehemu

la portion

mashine ya espresso

la machine à expresso

kiti kirefu

la chaise haute

muswada

la facture

trei

le plateau

kisu

le couteau

uma

la fourchette

kijiko

la cuillère

kijiko cha chai

la cuillère à thé

nepi

la serviette

glasi

le verre

sahani

l'assiette

sahani ya supu

l'assiette à soupe

sufuria

la soucoupe

mchuzi

la sauce

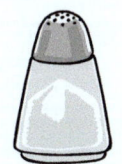

kichanyaji chumvi

la salière

kinu cha pilipili

le moulin à poivre

siki

le vinaigre

mafuta

l'huile

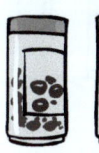

viungo

les épices

kechapu

le ketchup

haradali

la moutarde

kachumbari nzito

la mayonnaise

dukakuu
le supermarché

ofa maalum
l'offre promotionnelle
FOR
mteja
le client
maziwa
les produits laitiers
matunda
les fruits
toroli
le chariot

BUTCHERS

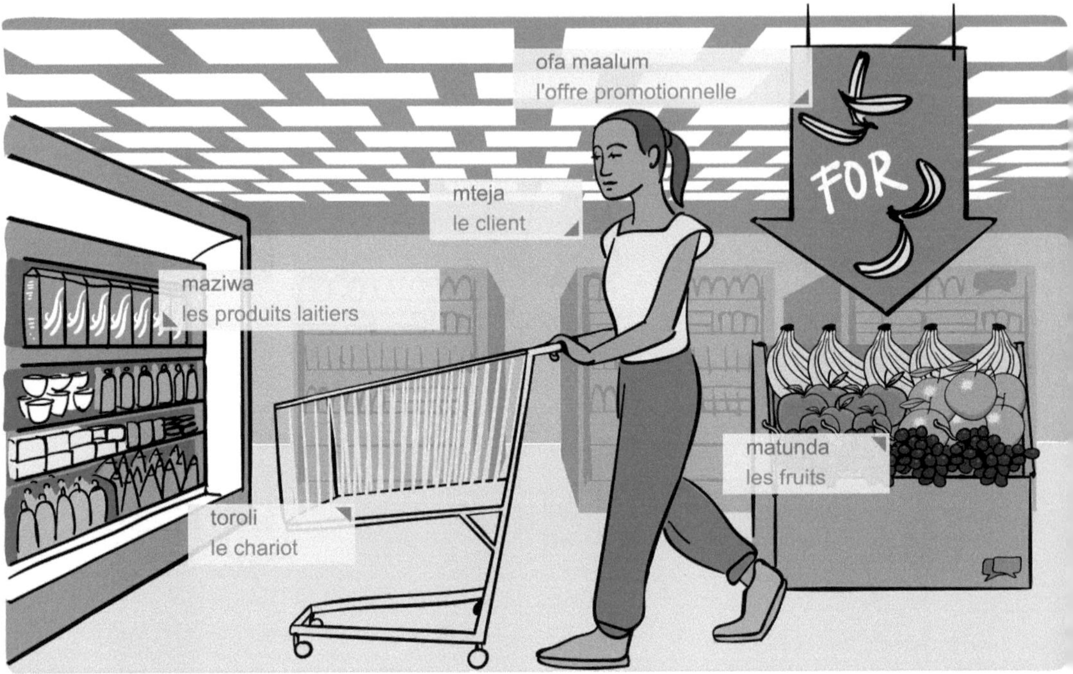

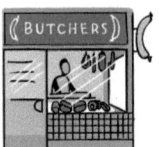

mchinjaji

la boucherie

BAKERY

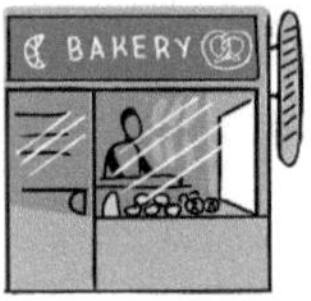

mwokaji

la boulangerie

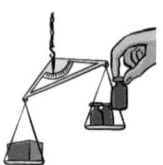

uzito

peser

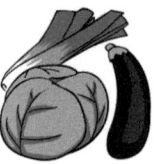

mboga

les légumes

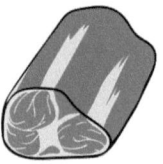

nyama

la viande

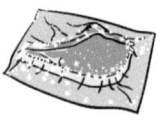

chakula waliohifadhiwa

les aliments surgelés

vipande vya nyama baridi

la charcuterie

chakula cha kopo

les conserves

sabuni ya unga

la poudre à lessive

pipi

les bonbons

bidhaa za kaya

les articles ménagers

bidhaa za kusafisha

les détergents

mtu mauzo

la vendeuse

mpaka

la caisse

keshia

le caissier

orodha ya manunuzi

la liste d'achats

masaa ya ufunguzi

les heures d'ouverture

mkoba

le portefeuille

kadi

la carte de crédit

mfuko

le sac

mfuko wa plastiki

le sac en plastique

maji

l'eau

sharubati

le jus de fruit

maziwa

le lait

coke

le coca

mvinyo

le vin

bia

la bière

pombe

l'alcool

kakao

le chocolat chaud

chai

le thé

kahawa

le café

spreso

l'expresso

kapuchino

le cappuccino

ndizi

la banane

tufaha

la pomme

machungwa

l'orange

tikiti

le melon

lemon

le citron.

karoti

la carotte

kitunguu saumu

l'ail

mianzi

le bambou

kitunguu

l'oignon

uyoga

le champignon

karanga

les noisettes

nudo

les pâtes

spageti

les spaghetti

mpunga

le riz

saladi

la salade

vibanzi

les pommes frites

viazi vya kukaanga

les pommes de terre rôties

piza

la pizza

hambaga

le hamburger

sandwichi

le sandwich

kipande

l'escalope

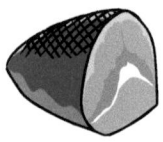

paja la mnyama

le jambon

salami

le salami

soseji

la saucisse

kuku

le poulet

choma

le rôti

samaki

le poisson

chakula - l'alimentation

oats ya uji

les flocons d'avoine

muesli

le muesli

cornflakes

les cornflakes

unga

la farine

kroisanti

le croissant

andazi

les petits-pains

mkate

le pain

mkate wa kubanika

le pain grillé

biskuti

les biscuits

siagi

le beurre

maziwa mgando

le fromage blanc

keki

le gâteau

yai

l'œuf

yai kukaanga

l'œuf au plat

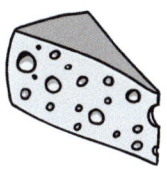

jibini

le fromage

aiskrimu

la glace

sukari

le sucre

asali

le miel

jemu

la confiture

kuenea kwa chokoleti

la crème nougat

mchuzi wa viungo

le curry

shamba
la ferme

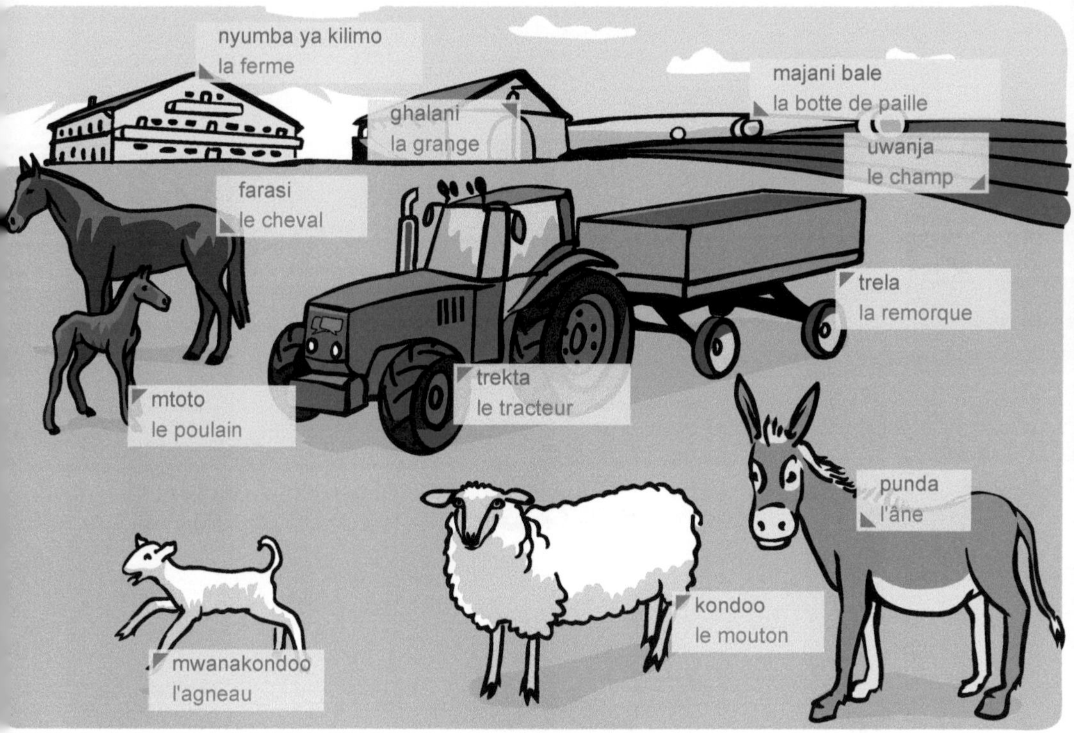

nyumba ya kilimo
la ferme
ghalani
la grange
majani bale
la botte de paille
uwanja
le champ
farasi
le cheval
trela
la remorque
mtoto
le poulain
trekta
le tracteur
punda
l'âne
kondoo
le mouton
mwanakondoo
l'agneau

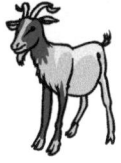

mbuzi
la chèvre

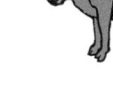

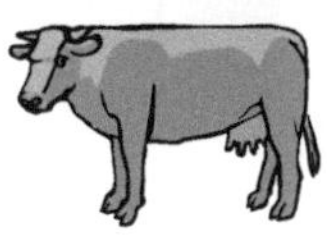

ng'ombe
la vache

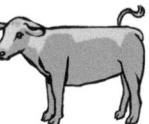

ndama
le veau

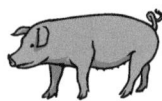

nguruwe
le porc

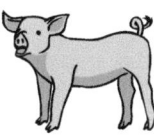

mwananguruwe
le porcelet

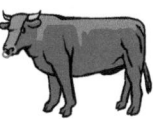

fahali
le taureau

batabukini

l'oie

bata

le canard

kifaranga

le poussin

kuku

la poule

jogoo

le coq

panya

le rat

paka

le chat

panya

la souris

ng'ombe

le bœuf

mbwa

le chien

nyumba ya mbwa

le chenil

bomba la bustani

le tuyau de jardin

debe la kumwagilia maji

l'arrosoir

fyekeo

la faucheuse

kulima

la charrue

mundu

la faucille

jembe

la pioche

uma wa nyasi

la fourche

shoka

la hache

toroli

la brouette

kupitia nyimbo

la cuve

chombo cha maziwa

le pot à lait

gunia

le sac

ua

la clôture

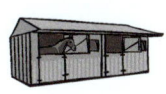

imara

l'étable

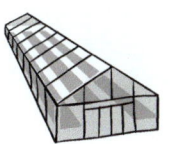

chafu

le serre

udongo

le sol

mbegu

les semences

mbolea

l'engrais

kivunaji

la moissonneuse-batteuse

mavuno

récolter

mavuno

la récolte

viazi vikuu

l'igname

ngano

le blé

soya

le soja

viazi

la pomme de terre

mahindi

le maïs

rapa

le colza

mti wa matunda

l'arbre fruitier

muhogo

le manioc

nafaka

les céréales

nyumba

la maison

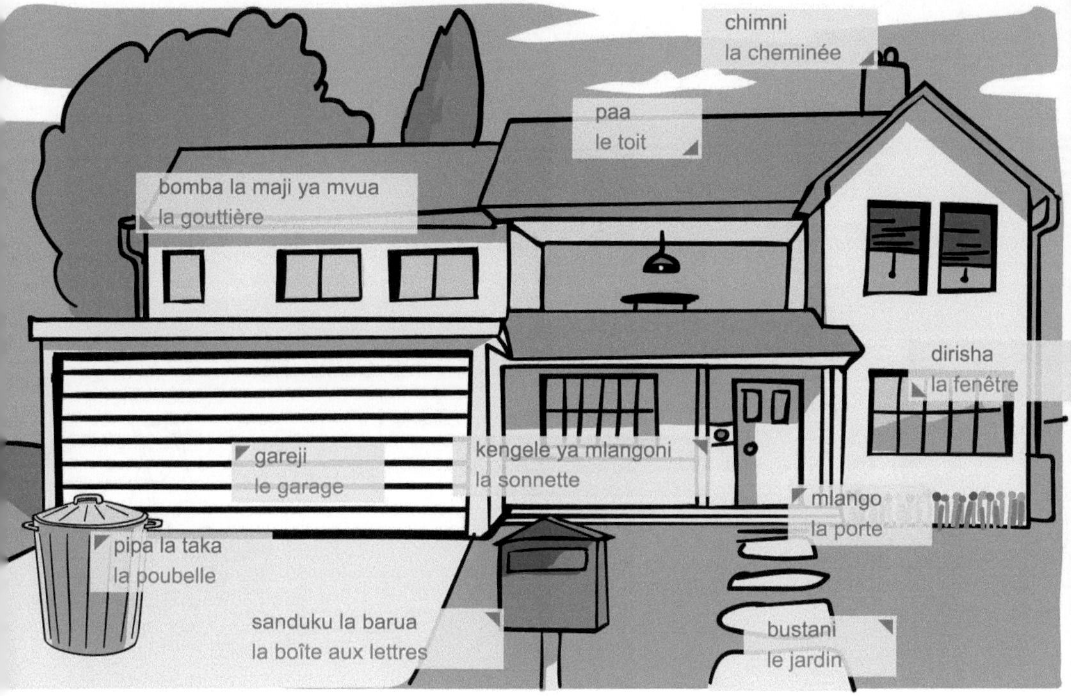
chimni
la cheminée
paa
le toit
bomba la maji ya mvua
la gouttière
dirisha
la fenêtre
gareji
le garage
kengele ya mlangoni
la sonnette
mlango
la porte
pipa la taka
la poubelle
sanduku la barua
la boîte aux lettres
bustani
le jardin

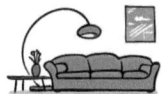

sebuleni

le salon

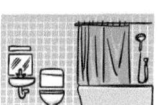

bafu

la salle de bain

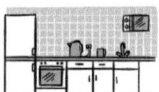

jikoni

la cuisine

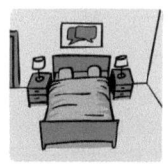

chumba cha kulala

la chambre à coucher

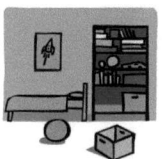

chumba ya mtoto

la chambre d'enfant

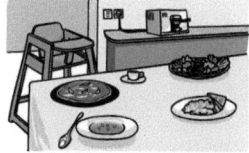

chumba cha kulia

la salle à manger

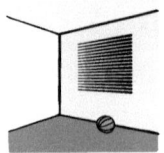

sakafu

le sol

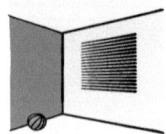

ukuta

le mur

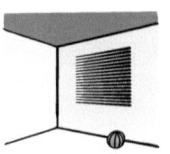

dari

le plafond

pishi

la cave

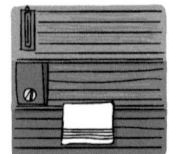

sauna

le sauna

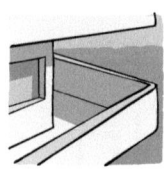

roshani

le balcon

mtaro

la terrasse

kidimbwi

la piscine

mashine ya kukata nyasi

la tondeuse à gazon

karatasi

la housse

kitambaa cha kupamba
kitanda

la couette

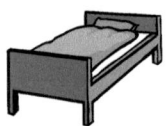

kitanda

le lit

ufagio

le balai

ndoo

le sceau

kubadili

l'interrupteur

sebuleni

le salon

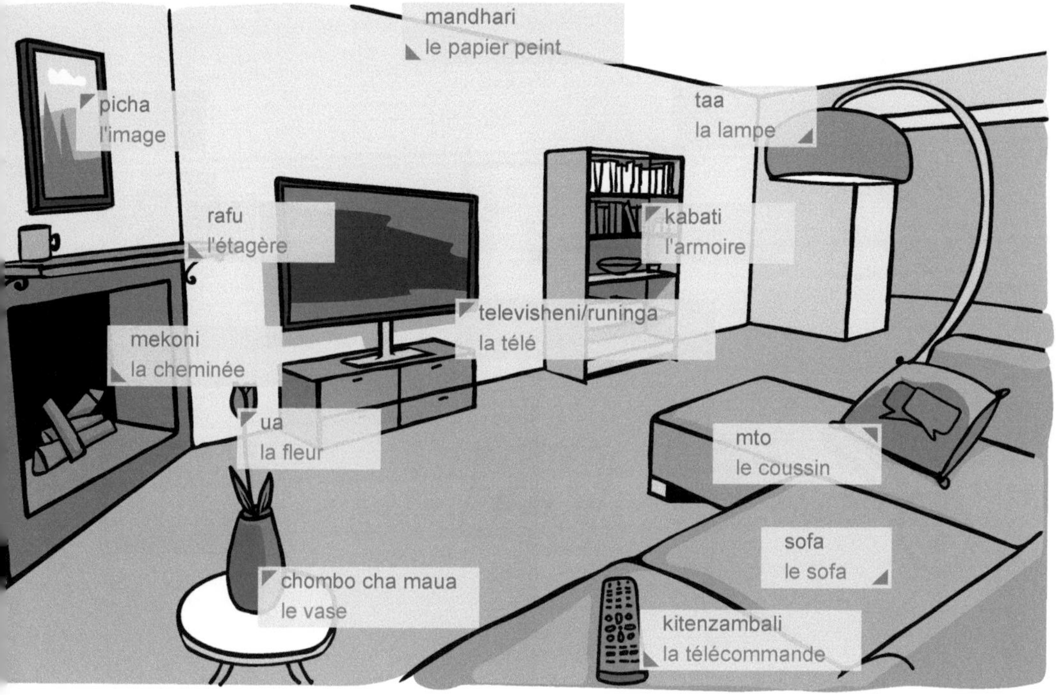
mandhari
le papier peint
picha
l'image
taa
la lampe
rafu
l'étagère
kabati
l'armoire
televisheni/runinga
la télé
mekoni
la cheminée
ua
la fleur
mto
le coussin
sofa
le sofa
chombo cha maua
le vase
kitenzambali
la télécommande

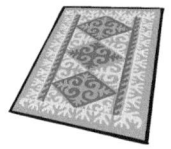

zulia

le tapis

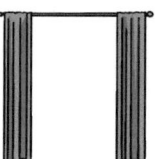

pazia

le rideau

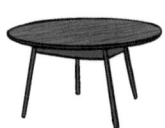

meza

la table

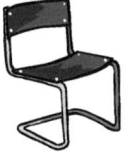

kiti

la chaise

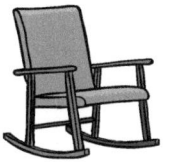

kiti cha bembea

la chaise à bascule

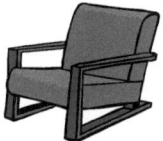

armchair

le fauteuil

kitabu

le livre

blanketi

la couverture

mapambo

la décoration

kuni

le bois de chauffage

filamu

le film

kifaa cha hi-fi

la chaîne hi-fi

ufunguo

la clé

gazeti

le journal

uchoraji

la peinture

bango

le poster

redio

la radio

daftari

le bloc-notes

kifyonza

l'aspirateur

dungusi kakati

le cactus

mshumaa

la bougie

jikoni
la cuisine

jokofu
le réfrigérateur
kikanza
le four à micro-ondes
wadogo jikoni
la balance de cuisine
kibaniko
le grille-pain
sabuni
le détergent
stovu
le four
friza
le compartiment congélateur
pipa la taka
la poubelle
mashine ya kuoshea vyombo
le lave-vaisselle

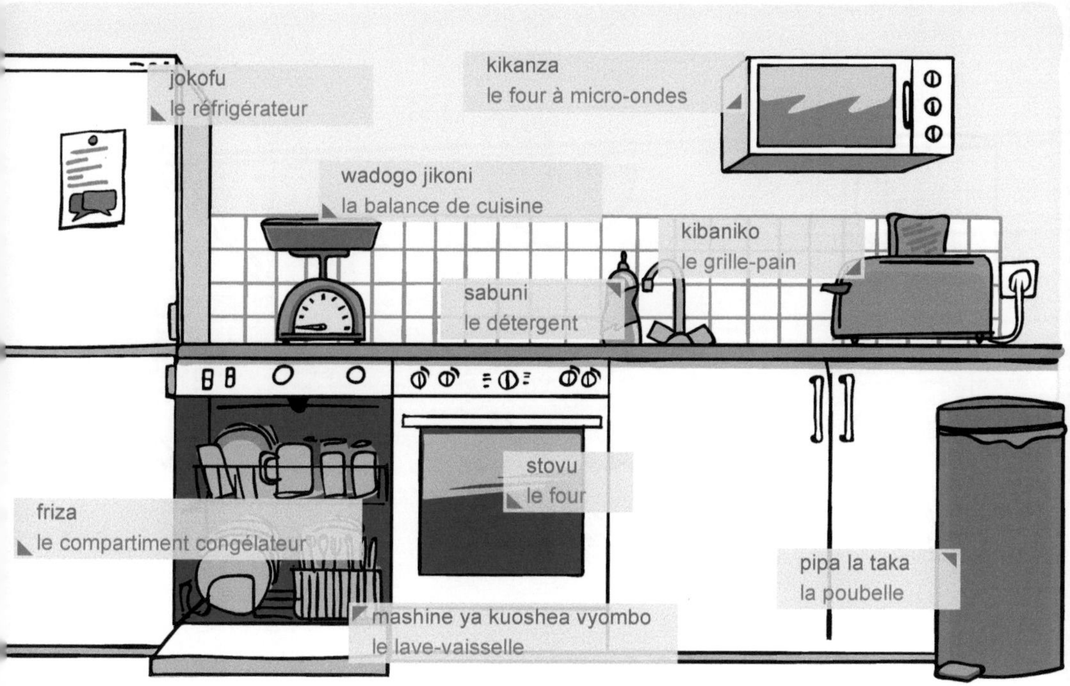

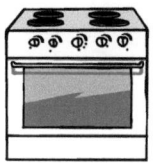

jiko la kupika
le four

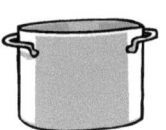

chungu
la casserole

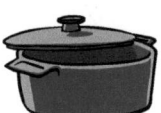

sufuria ya chuma
la marmite

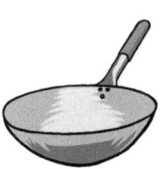

wok / kadai
le wok / kadai

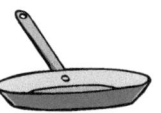

kaango
la poêle

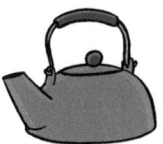

birika
la bouilloire electrique

stima

le cuiseur vapeur

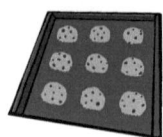

sinia ya kuoka

la plaque de cuisson

vyombo vya udongo

la vaisselle

kombe

le gobelet

bakuli

la coupe

vijiti vya kulia

les baguettes

ukawa

la louche

mwiko mpana

la spatule

burashi

le fouet

kichujio

la passoire

chujio

le tamis

mbuzi

la râpe

chokaa

le mortier

barbeque

le barbecue

moto wazi

la cheminée

ubao wa majaribio

la planche à découper

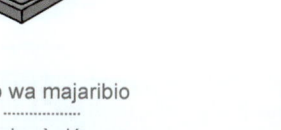

kijiti cha kusukuma unga

le rouleau à pâtisserie

kizibuo

le tire-bouchon

kopo

la boîte

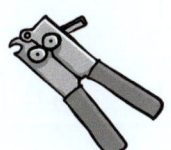

inaweza kopo

l'ouvre-boîte

kishikio cha chungu

les maniques

karo

le lavabo

brashi

la brosse

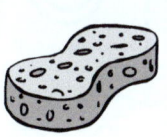

sifongo

l'éponge

kisagaji matunda

le mixeur

friji ya kina

le congélateur

chupa ya mtoto

le biberon

bomba

le robinet

bafu

la salle de bain

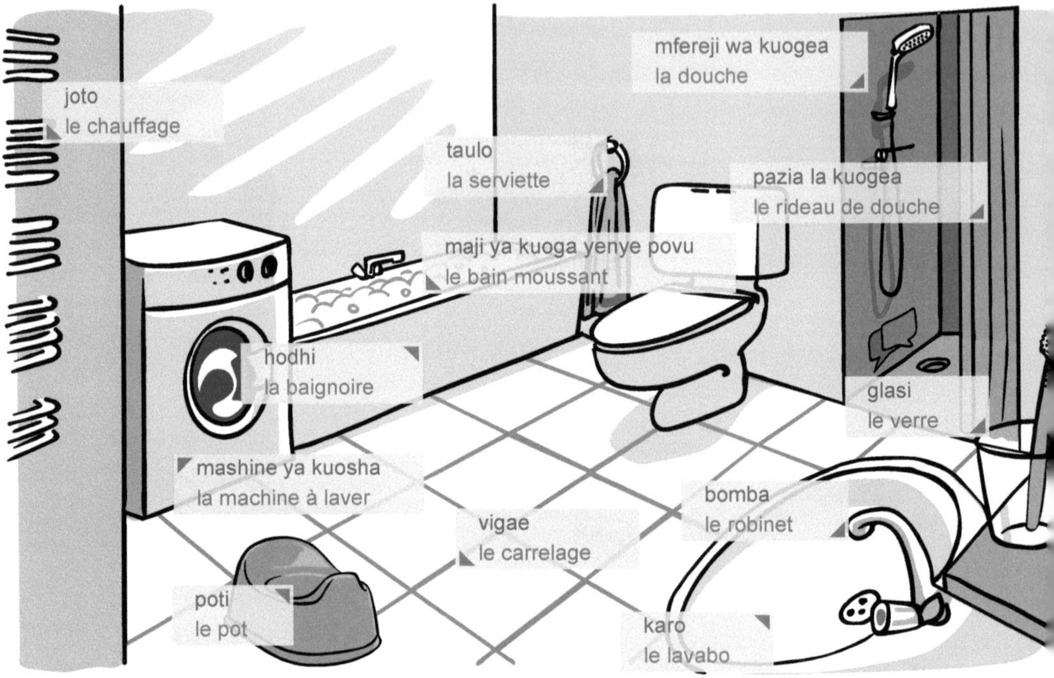

joto
le chauffage
mfereji wa kuogea
la douche
taulo
la serviette
pazia la kuogea
le rideau de douche
maji ya kuoga yenye povu
le bain moussant
hodhi
la baignoire
glasi
le verre
mashine ya kuosha
la machine à laver
bomba
le robinet
vigae
le carrelage
poti
le pot
karo
le lavabo

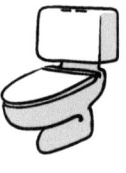

choo

les toilettes

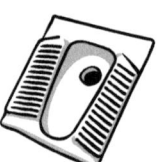

choo cha squat

la toilette à la turque

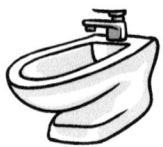

beseni la mviringo

le bidet

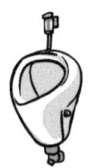

choo cha umma

l'urinoir

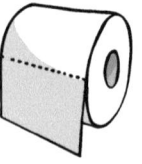

shashi

le papier toilette

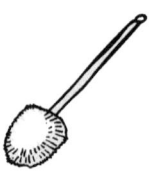

brashi ya choo

la brosse à toilette

mswaki

la brosse à dents

dawa ya meno

le dentifrice

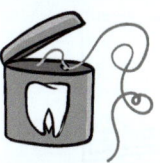

dawa ya meno

le fil dentaire

safisha

laver

kuoga mkono

la douche manuelle

msukumo wa maji

la douche intime

bonde

la vasque

mpako wa pili

la brosse dorsale

sabuni

le savon

jeli ya kuogea

le gel douche

shampuu

le shampooing

flana

le gant de toilette

toa maji

l'écoulement

krimu

la crème

kiondoa harufu

le déodorant

kioo

le miroir

kioo mkono

le miroir cosmétique

kinyozi

le rasoir

povu la kunyoa

la mousse à raser

baada ya kunyoa

l'après-rasage

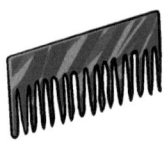

kichana

la peigne

brashi

la brosse

kikausha nywele

le sèche-cheveux

marashi ya nyewele

la laque pour cheveux

vipodozi

le fond de teint

kidomwa

le rouge à lèvres

varnish ya msumari

le vernis à ongles

pamba

l'ouate

mkasi wa kucha

le coupe-ongles

manukato

le parfum

mkoba wa kuosha

la trousse de toilette

kinyesi

le tabouret

mizani

le pèse-personne

nguo ya kuoga

le peignoir

glavu za mpira

les gants de nettoyage

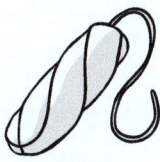

kisodo

le tampon

sodo

s serviettes hygiéniques

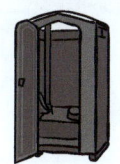

kemikali choo

la toilette chimique

chumba ya mtoto
la chambre d'enfant

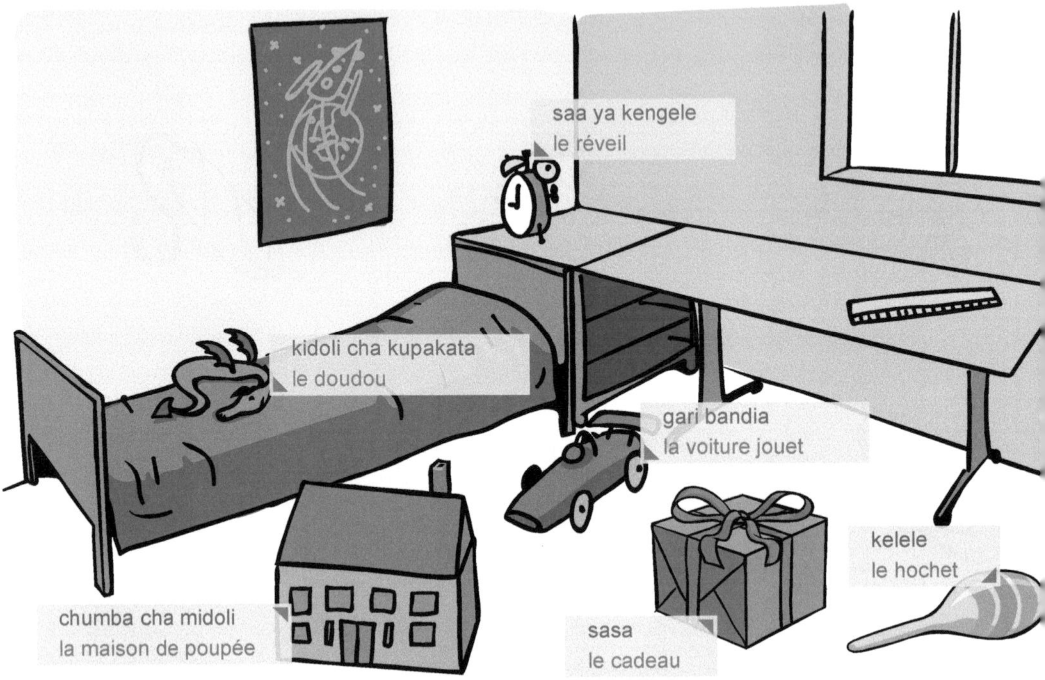
saa ya kengele
le réveil
kidoli cha kupakata
le doudou
gari bandia
la voiture jouet
kelele
le hochet
chumba cha midoli
la maison de poupée
sasa
le cadeau

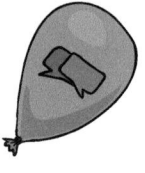

baluni

le ballon

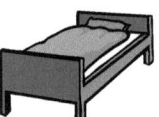

kitanda

le lit

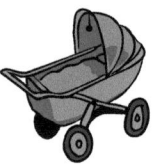

mashua

la poussette

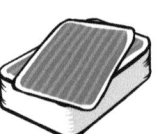

staha ya kadi

le jeu de cartes

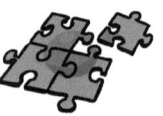

mchezo-fumb

le puzzle

SUPER MEGA

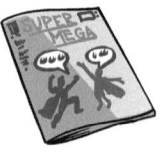

vichekesho

la bande dessinée

matofali lego

les pièces lego

vitalu mwigo

les blocs de construction

hatua takwimu

la figurine

suti ya kulalia

la grenouillère

kisahani

le frisbee

simu

le mobile

ubao wa michezo

le jeu de société

kete

le dé

garimoshi mwigo

le train miniature

dummy

la sucette

chama

la fête

picha kitabu

le livre d'images

mpira

la balle

kikaragosi

la poupée

kucheza

jouer

shimo la mchanga

le bac à sable

bembea

la balançoire

vitu bandia

les jouets

kiweko cha video ya mchezo

la console de jeu

baiskeli ya magurudumu

le tricycle

matatu

mwanasesere

l'ours en peluche

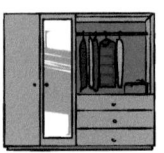

kabati

l'armoire

soksi

les chaussettes

stokingi

les bas

kibano

le collant

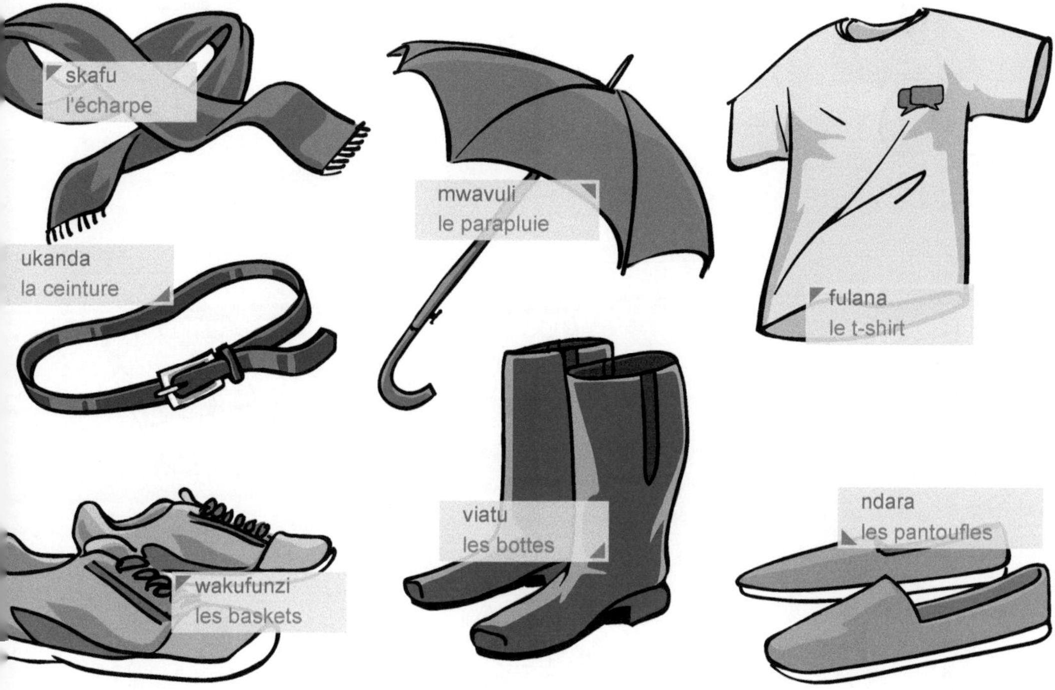

skafu
l'écharpe

mwavuli
le parapluie

fulana
le t-shirt

ukanda
la ceinture

viatu
les bottes

ndara
les pantoufles

wakufunzi
les baskets

malapa

les sandales

viatu

les chaussures

mabuti ya mpira

les bottes de caoutchouc

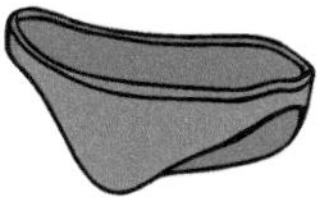

suruali ya ndani

les sous-vêtements

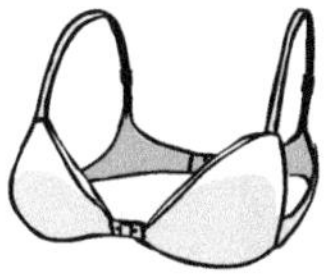

sidiria

le soutien-gorge

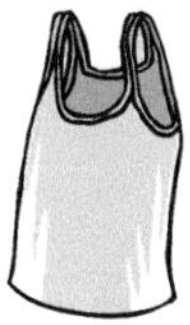

fulana

le maillot de corps

mwili

le body

suruali

le pantalon

dangirizi

le jean

sketi

la jupe

blauzi

le chemisier

shati

la chemise

vuta

le pull

sweta

le sweat à capuche

bleza

la veste

jaketi

la veste

koti

le manteau

koti la mvua

l'imperméable

maleba

le costume

gauni

la robe

mavazi ya harusi

la robe de mariée

suti

le costume

vazi la usiku

la chemise de nuit

pajama

le pyjama

sari

le sari

skafu

le foulard

kilemba

le turban

burka

la burqa

kaftan

le caftan

abaya

l'abaya

vazi la kuogelea

le maillot de bain

vazi la kiume la kuogelea

le maillot de bain

kaptura

le short

teitei

la tenue d'entraînement

aproni

le tablier

glavu

les gants

kifungo

le bouton

glasi

les lunettes

bangili

le bracelet

mkufu

le collier

pete

la bague

herini

la boucle d'oreille

kofia

le bonnet

kiango cha koti

le cintre

kofia

le chapeau

tai

la cravate

zipu

la fermeture éclair

kofia

le casque

kanda za suruali

les bretelles

sare za shule

l'uniforme scolaire

sare

l'uniforme

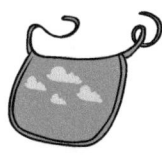

bibu

le bavoir

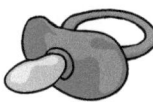

dummy

la sucette

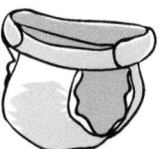

nepi

la lange

ofisi

le bureau

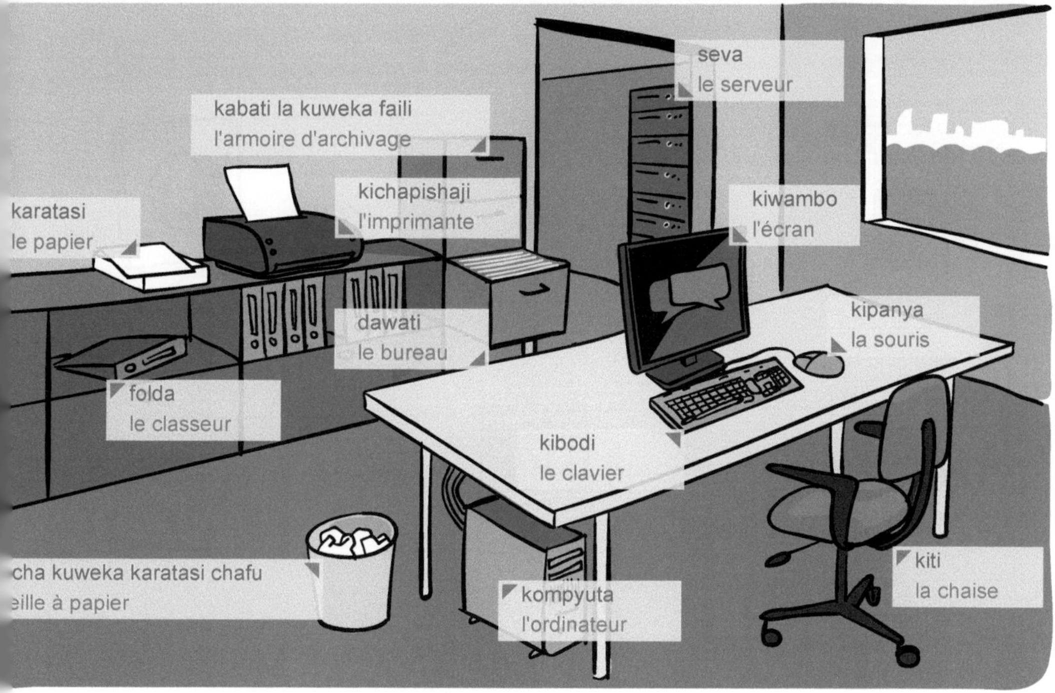

seva
le serveur
kabati la kuweka faili
l'armoire d'archivage
kichapishaji
l'imprimante
karatasi
le papier
kiwambo
l'écran
kipanya
la souris
dawati
le bureau
folda
le classeur
kibodi
le clavier
cha kuweka karatasi chafu
eille à papier
kompyuta
l'ordinateur
kiti
la chaise

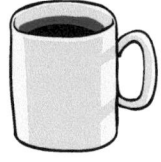

kmobe la kahawa

la tasse de café

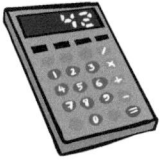

kikokotoo

la calculatrice

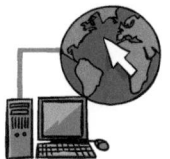

biashara

l'internet

mbali

l'ordinateur portable

barua

la lettre

ujumbe

le message

rununu

le portable

intaneti

le réseau

fotokopia

la photocopieuse

programu

le logiciel

simu

le téléphone

soketi

la prise

kipepesi

le fax

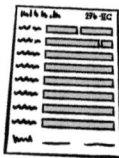

fomu

le formulaire

hati

le document

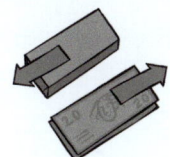

kununua
....
acheter

kulipa
....
payer

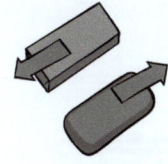

biashara
....
faire du commerce

fedha
....
la monnaie

dola
....
le dollar

yuro
....
l'euro

yeni
....
le yen

rouble
....
le rouble

faranga ya Uswisi
....
le franc suisse

renminbi yuan
....
le renminbi yuan

rupia
....
la roupie

eneo la kulipia
....
le distributeur automatique

ofisi ya ubadilishanaji

le bureau de change

dhahabu

l'or

fedha

l'argent

mafuta

le pétrole

nishati

l'énergie

bei

le prix

mkataba

le contrat

kodi

la taxe

bidhaa

l'action

kazi

travailler

mfanyakazi

l'employé

mwajiri

l'employeur

kiwanda

l'usine

duka

le magasin

uchumi - l'économie

les professions

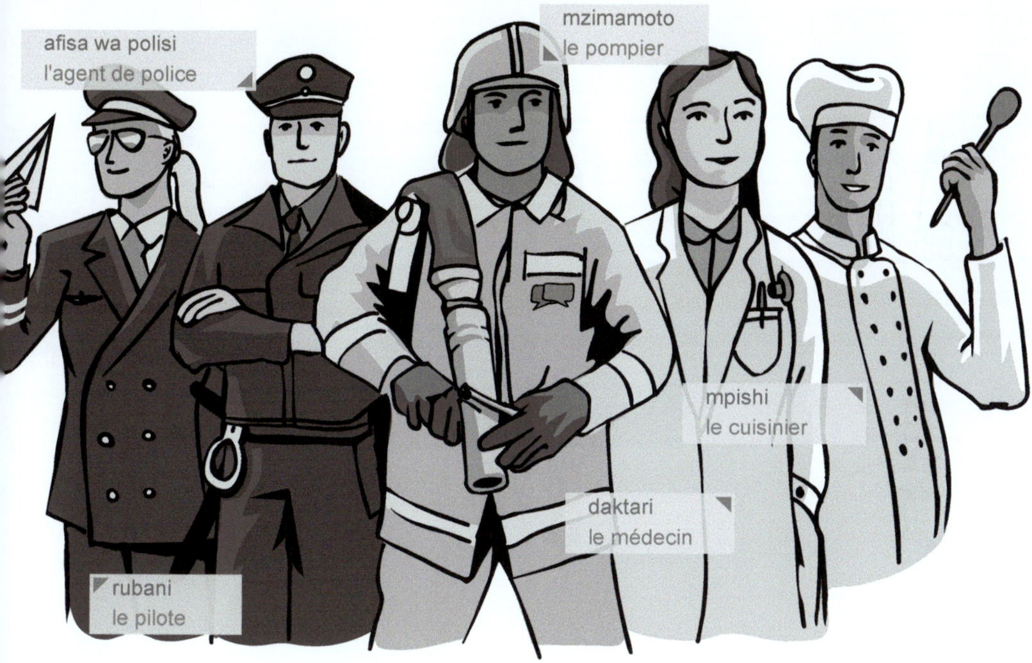
afisa wa polisi
l'agent de police
mzimamoto
le pompier
mpishi
le cuisinier
daktari
le médecin
rubani
le pilote

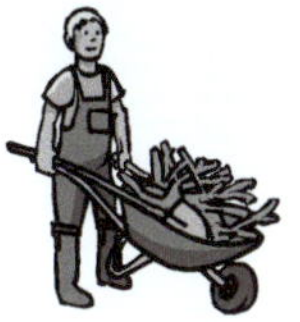

mtunza bustani

le jardinier

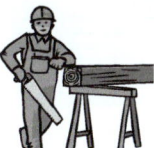

seremala

le menuisier

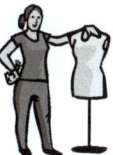

mshonaji

la couturière

hakimu

le juge

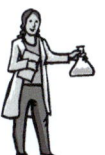

mwanakemia

le chimiste

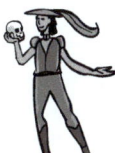

muigizaji

l'acteur

dereva wa basi

le conducteur de bus

dereva wa teksi

le chauffeur de taxi

mvuvi

le pêcheur

mwanamke wa kusafisha

la femme de ménage

mwezekaji

le couvreur

mhudumu

le serveur

mwindaji

le chasseur

mchoraji

le peintre

mwokaji

le boulanger

umeme

l'électricien

mjenzi

l'ouvrier

mhandisi

l'ingénieur

mchinjaji

le boucher

fundi bomba

le plombier

mwanaposta

le facteur

mwanajeshi

le soldat

msanifu majengo

l'architecte

keshia

le caissier

muuza maua

le fleuriste

msusi

le coiffeur

kondakta

le contrôleur

mekanika

le mécanicien

nahodha

le capitaine

daktari wa meno

le dentiste

mwanasayansi

le scientifique

rabbi

le rabbin

imamu

l'imam

mtawa

le moine

kasisi

le prêtre

zana

les outils

nyundo
le marteau
koleo
les pinces
bisibisi
le tournevis
spana
la clé
kurunzi
la torche

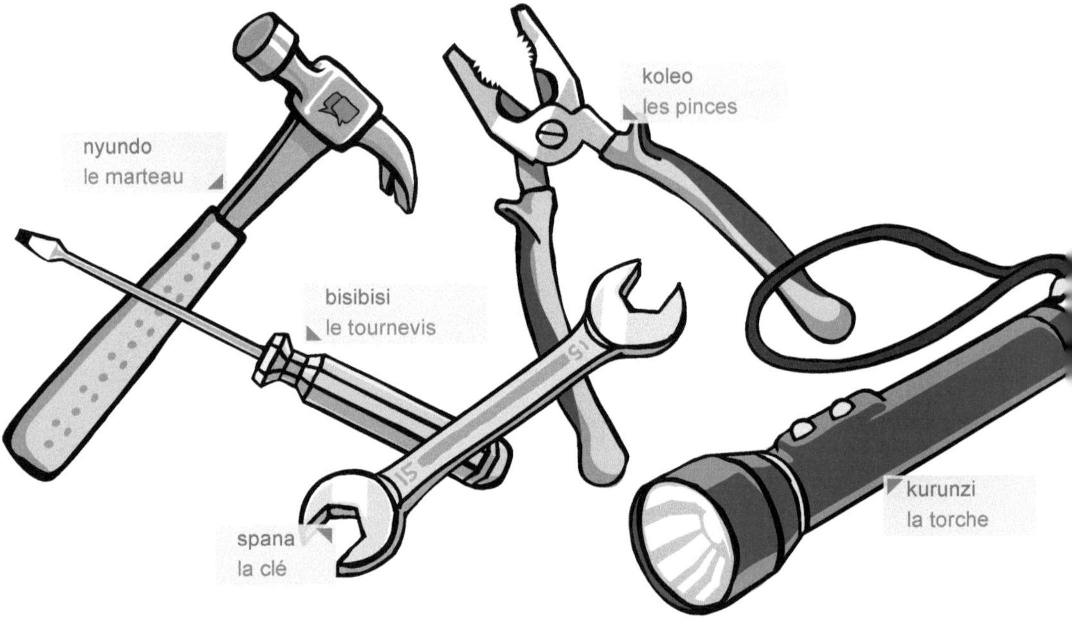

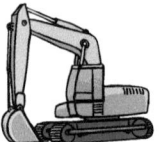

mchimbaji

la pelleteuse

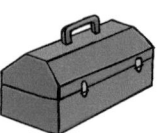

sanduku la vifaa

la boîte à outils

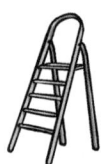

ngazi

l'échelle

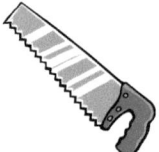

msumeno

la scie

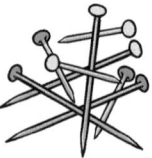

misumari

les clous

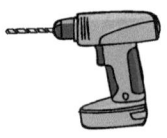

kuchimba visima

la perceuse

kukarabati
....
réparer

sepetu
....
la pelle

Lo!
....
Mince !

kishikio cha uchafu
....
la pelle

chungu cha rangi
....
le pot de peinture

skurubu
....
les vis

ala za muziki

les instruments de musique

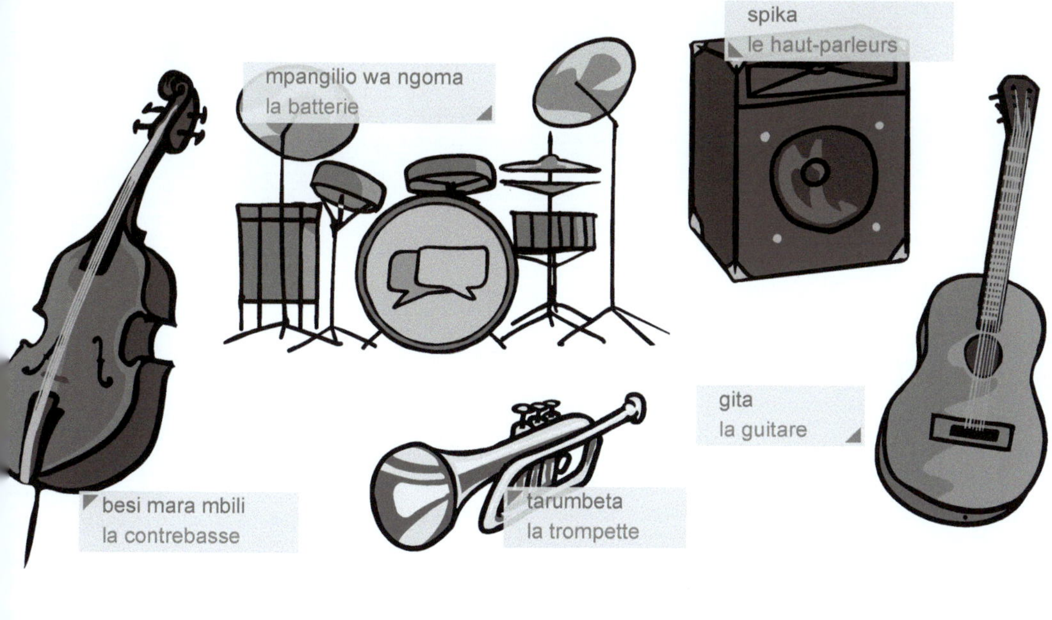

spika
le haut-parleurs

mpangilio wa ngoma
la batterie

gita
la guitare

besi mara mbili
la contrebasse

tarumbeta
la trompette

piano

le piano

fidla

le violon

ubeji

la basse

timpani

les timbales

ngoma

le tambour

kibodi

le piano électrique

saksafoni

le saxophone

filimbi

la flûte

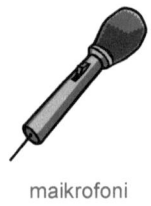

maikrofoni

le microphone

bustani ya wanyama

le zoo

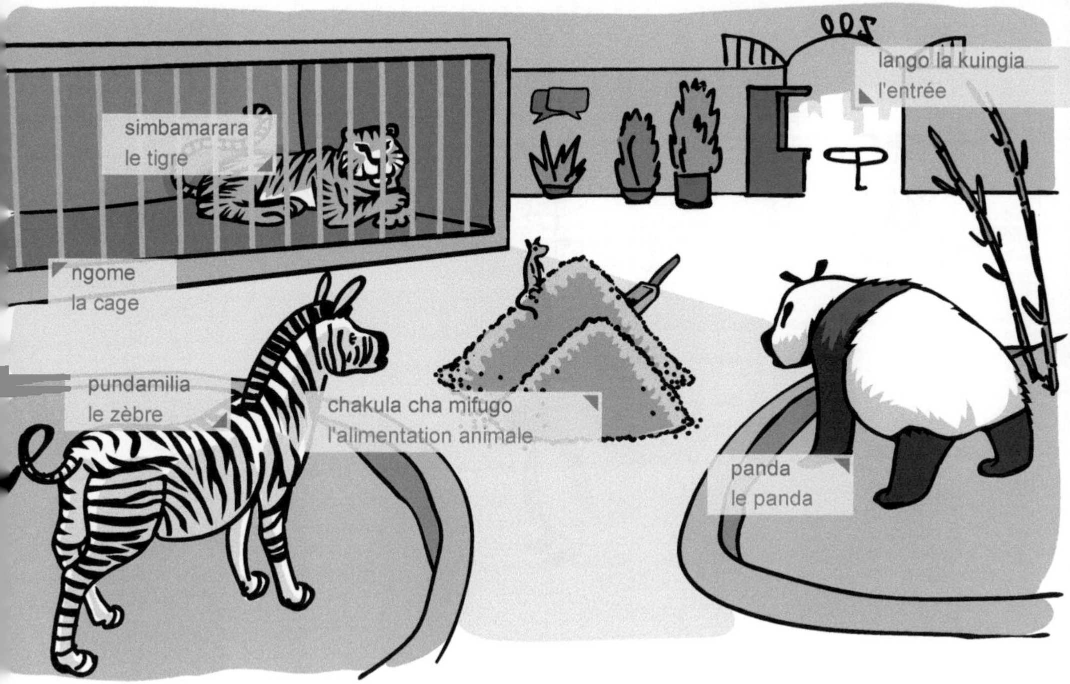

lango la kuingia
l'entrée
simbamarara
le tigre
ngome
la cage
pundamilia
le zèbre
chakula cha mifugo
l'alimentation animale
panda
le panda

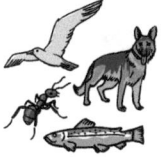

wanyama

les animaux

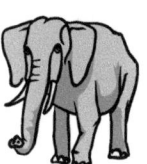

tembo

l'éléphant

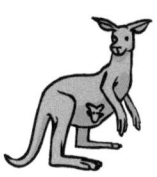

kangaruu

le kangourou

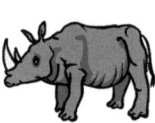

kifaru

le rhinocéros

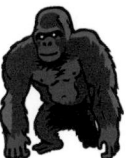

sokwe

le gorille

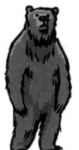

dubu

l'ours

ngamia

le chameau

mbuni

l'autruche

simba

le lion

tumbili

le singe

heroe

le flamand rose

kasuku

le perroquet

dubu

l'ours polaire

penguini

le pingouin

papa

le requin

tausi

le paon

nyoka

le serpent

mamba

le crocodile

mtunza wanyama

le gardien de zoo

muhuri

le phoque

jaguar

le jaguar

mwanafarasi

le poney

chui

le léopard

kiboko

l'hippopotame

twiga

la girafe

tai

l'aigle

nguruwe mwitu

le sanglier

samaki

le poisson

kobe

la tortue

sili

le morse

mbweha

le renard

paa

la gazelle

soka ya marekani
l'american Football

uendeshaji baiskeli
le cyclisme

tenisi
le tennis

mpira wa kikapu
le basket-ball

kuogelea
la natation

ndondi
la boxe

magongo ya barafuni
le hockey sur glace

soka

le football

vinyoya

le badminton

riadha

l'athlétisme

mpira wa mikono

le handball

skii

le ski

polo

le polo

kuruka
sauter

cheka
rire

kumbatia
embrasser

kutembea
marcher

kuimba
chanter

ota ndoto
rêver

kuomba
prier

busu
faire la bise

kuandika

écrire

kuteka

dessiner

angalia

montrer

sukuma

pousser

kutoa

donner

kuchukua

prendre

kuwa
avoir

fanya
faire

kuwa
être

kusimama
être debout

kukimbia
courir

vuta
trier

kutupa
jeter

kuanguka
tomber

hadaa
être couché

kusubiri
attendre

kubeba
porter

kukaa
être assis

vaa nguo
s'habiller

usingizi
dormir

kuamka
se réveiller

kuangalia

regarder

lia

pleurer

kiharusi

caresser

chana nywele

peigner

ongea

parler

kuelewa

comprendre

kuuliza

demander

kusikiliza

écouter

kunywa

boire

kula

manger

nadhifisha

ranger

upendo

aimer

mpishi

cuire

gari

conduire

kuruka

voler

meli

faire de la voile

kokotoa

calculer

kusoma

lire

kujifunza

apprendre

kazi

travailler

kuoa

se marier

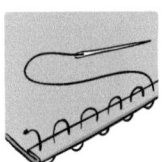

kushona

coudre

piga mswaki

brosser les dents

kuua

tuer

moshi

fumer

kutuma

envoyer

shughuli - les activités

familia

la famille

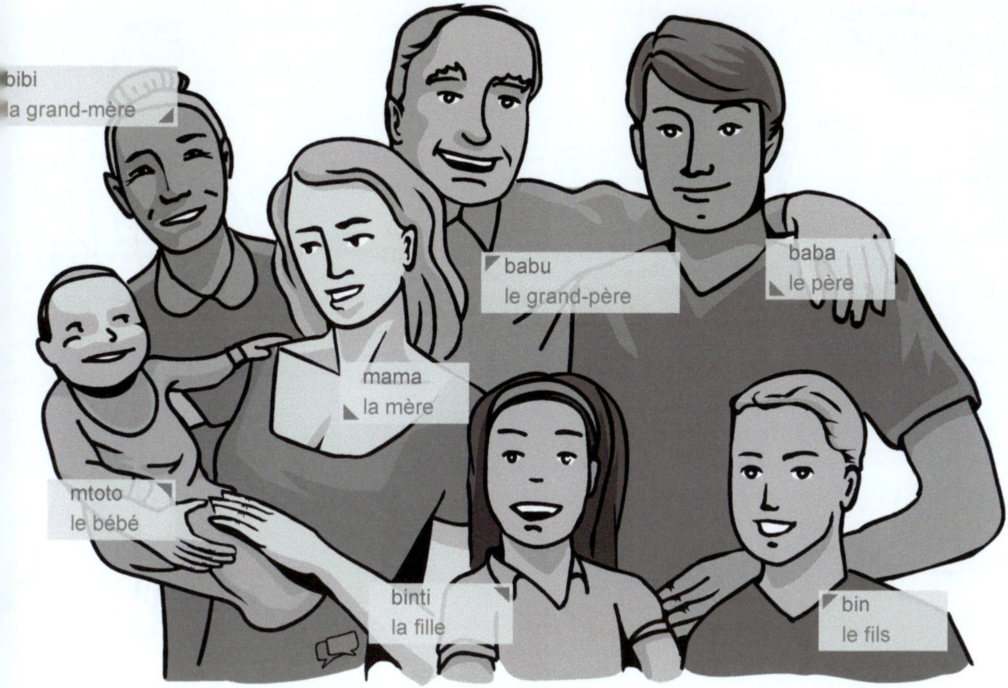
bibi
la grand-mère
babu
le grand-père
baba
le père
mama
la mère
mtoto
le bébé
binti
la fille
bin
le fils

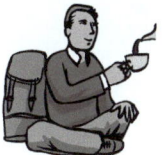

mgeni

l'hôte

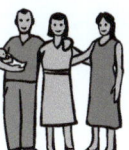

shangazi

la tante

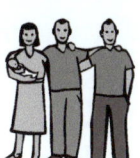

mjomba

l'oncle

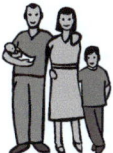

kaka

le frère

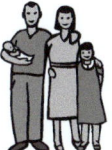

dada

la sœur

mwili

le corps

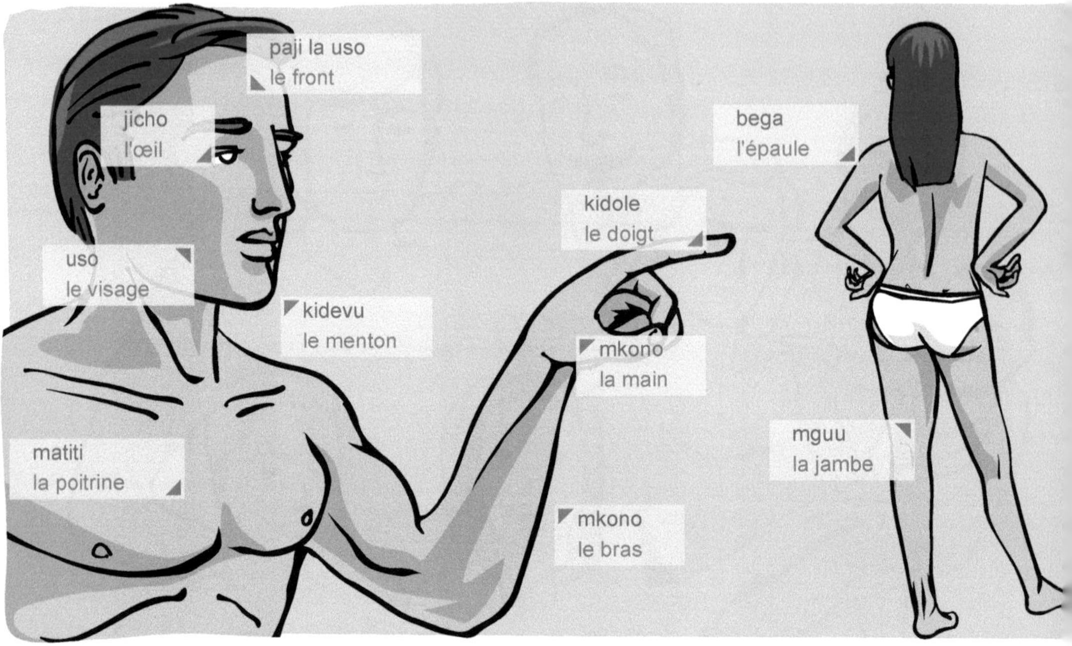

paji la uso
le front

jicho
l'œil

bega
l'épaule

kidole
le doigt

uso
le visage

kidevu
le menton

mkono
la main

matiti
la poitrine

mguu
la jambe

mkono
le bras

mtoto

le bébé

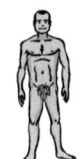

mwanamume

l'homme

mwanamke

la femme

msichana

la fille

mvulana

le garçon

kichwa

la tête

nyuma

le dos

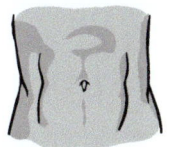

tumbo

le ventre

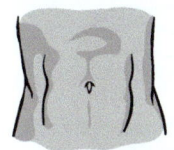

kitovu

le nombril

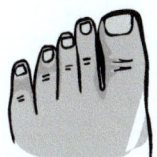

chano

l'orteil

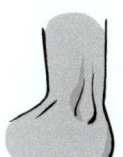

kisigino

le talon

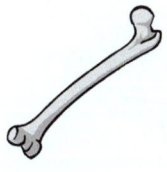

mfupa

l'os

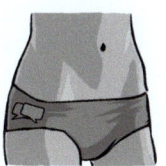

nyonga

la hanche

goti

le genou

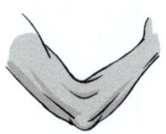

kiwiko

le coude

pua

le nez

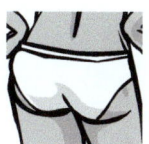

chini

les fesses

ngozi

la peau

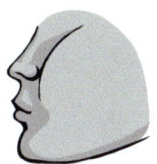

shavu

la joue

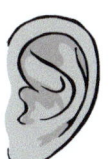

sikio

l'oreille

mdomo

la lèvre

kinywa

la bouche

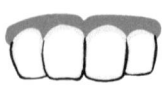

jino

la dent

ulimi

la langue

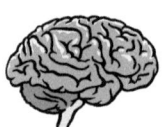

ubongo

le cerveau

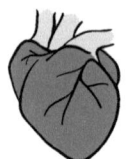

moyo

le cœur

misuli

le muscle

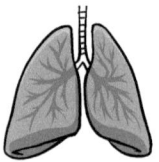

pafu

les poumons

ini

le foie

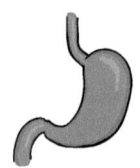

tumbo

l'estomac

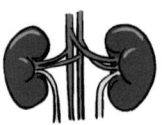

figo

les reins

jinsia

le rapport sexuel

kondomu

le préservatif

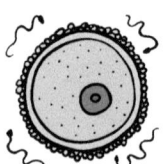

ovari

l'ovule

shahawa

le sperme

mimba

la grossesse

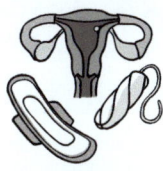

hedhi
....
la menstruation

uke
....
le vagin

uume
....
le pénis

unyusi
....
le sourcil

nywele
....
les cheveux

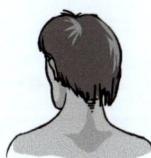

shingo
....
le cou

hospitali
l'hôpital

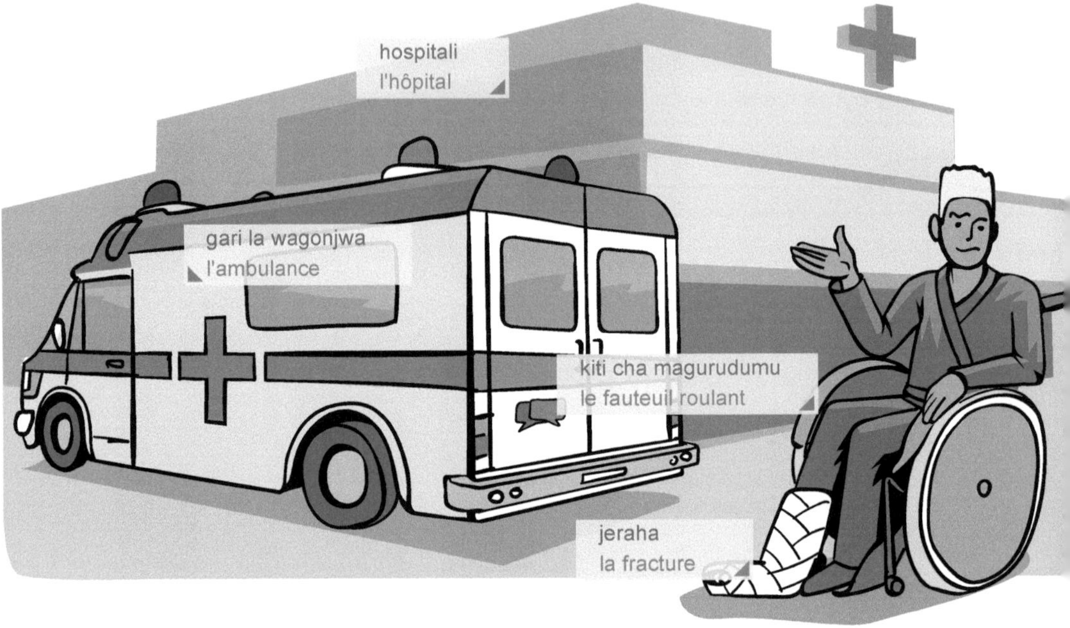

hospitali
l'hôpital
gari la wagonjwa
l'ambulance
kiti cha magurudumu
le fauteuil roulant
jeraha
la fracture

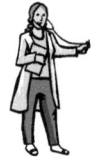

daktari

le médecin

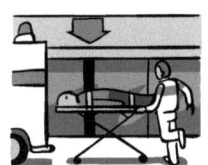

chumba cha dharura

le service des urgences

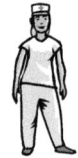

muuguzi

l'infirmière

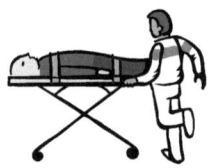

dharura

l'urgence

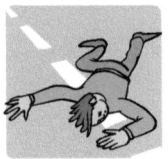

kupoteza fahamu

inconscient

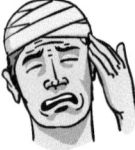

maumivu

la douleur

kuumia

la blessure

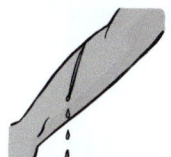

kutokwa na damu

l'hémorragie

mshtuko wa moyo

la crise cardiaque

kiharusi

l'attaque cérébrale

mzio

l'allergie

kikohozi

la toux

homa

la fièvre

mafua

la grippe

kuharisha

la diarrhée

maumivu ya kichwa

le mal de tête

kansa

le cancer

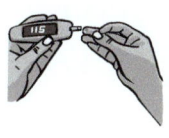

ugonjwa wa kisukari

le diabète

daktari mpasuaji

le chirurgien

kisu kidogo cha kupasulia

le scalpel

operesheni

l'opération

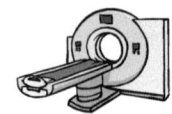

picha changanufu ya mwili

le CT

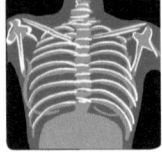

Eksrei

la radiographie

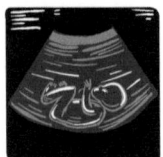

mawimbi sauti

l'échographie

barakoa ya uso

le masque

ugonjwa

la maladie

chumba cha kusubiri

la salle d'attente

mkongojo

la béquille

plasta

le pansement

bendeji

le pansement

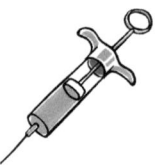

sindano

l'injection

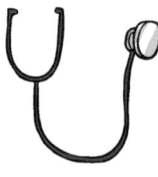

stetoskopu

le stéthoscope

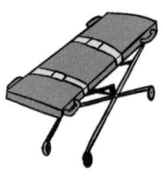

machela

le brancard

kipimajoto cha kliniki

le thermomètre

kuzaliwa

l'accouchement

unene kupita kiasi

la surcharge pondérale

hospitali - l'hôpital

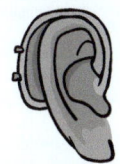

kusikia misaada

l'appareil auditif

kipukusi

le désinfectant

maambukizi

l'infection

virusi

le virus

VVU / UKIMWI

le VIH / le sida

dawa

le médicament

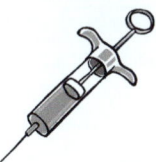

chanjo

la vaccination

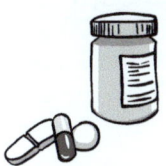

vidonge

les comprimés

kidonge

la pilule

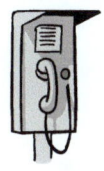

simu ya dharura

l'appel d'urgence

haemodainamometa

le tensiomètre

mgonjwa / mwenye afya

malade / sain

Msaada!
Au secours !

kengele
l'alarme

pigo
l'assaut

shambulizi
l'attaque

hatari
le danger

lango la dharura
la sortie de secours

Moto!
Au feu!

kizima moto
l'extincteur

ajali
l'accident

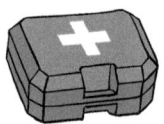

vifaa vya huduma ya
kwanza
la trousse de premier
secours

wito wa msaada
SOS

polisi
la police

Ulaya

l'Europe

Amerika ya Kaskazini

l'Amérique du Nord

Amerika ya Kusini

l'Amérique du Sud

Afrika

l'Afrique

Asia

l'Asie

Australia

l'Australie

Atlantiki

l'Océan atlantique

Pasifiki

l'Océan pacifique

Bahari ya Hindi

l'Océan indien

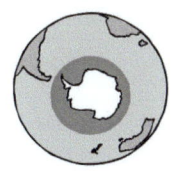

Bahari ya Antaktiki

l'Océan antarctique

Bahari ya Aktiki

l'Océan arctique

Ncha ya Kaskazini

le Pôle nord

Ncha ya Kusini

le Pôle sud

Antaktika

l'Antarctique

dunia

la terre

nchi

le pays

bahari

la mer

kisiwa

l'île

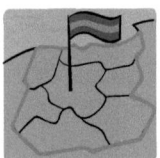

taifa

la nation

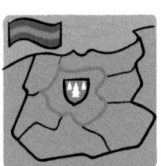

jimbo

l'état

uso wa saa

le cadran

akrabu ya saa

l'aiguille des heures

akrabu ya dakika

l'aiguille des minutes

akrabu ya sekunde

l'aiguille des secondes

Ni saa ngapi?

Quelle heure est-il ?

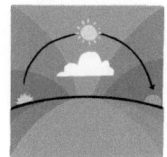

siku

le jour

wakati

le temps

sasa

maintenant

saa ya dijitali

la montre digitale

dakika

la minute

saa

l'heure

la semaine

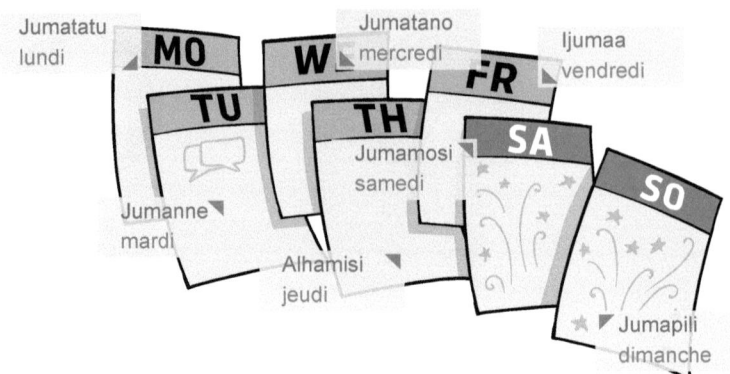

Jumatatu lundi — MO
Jumanne mardi — TU
Jumatano mercredi — W
Alhamisi jeudi — TH
Ijumaa vendredi — FR
Jumamosi samedi — SA
Jumapili dimanche — SO

jana

hier

leo

aujourd'hui

kesho

demain

asubuhi

le matin

saa sita mchana

le midi

jioni

le soir

siku za biashara

les jours ouvrables

mwishoni mwa wiki

le week-end

mwaka
l'année

mvua
la pluie
upinde wa mvua
l'arc-en-ciel
theluji
la neige
upepo
le vent
majira ya machipuko
le printemps
vuli
l'automne
kiangazi
l'été
majira ya baridi
l'hiver

4.APRIL 11°
5.APRIL 4°
6.APRIL 13°
7.APRIL 8°
8.APRIL 10°

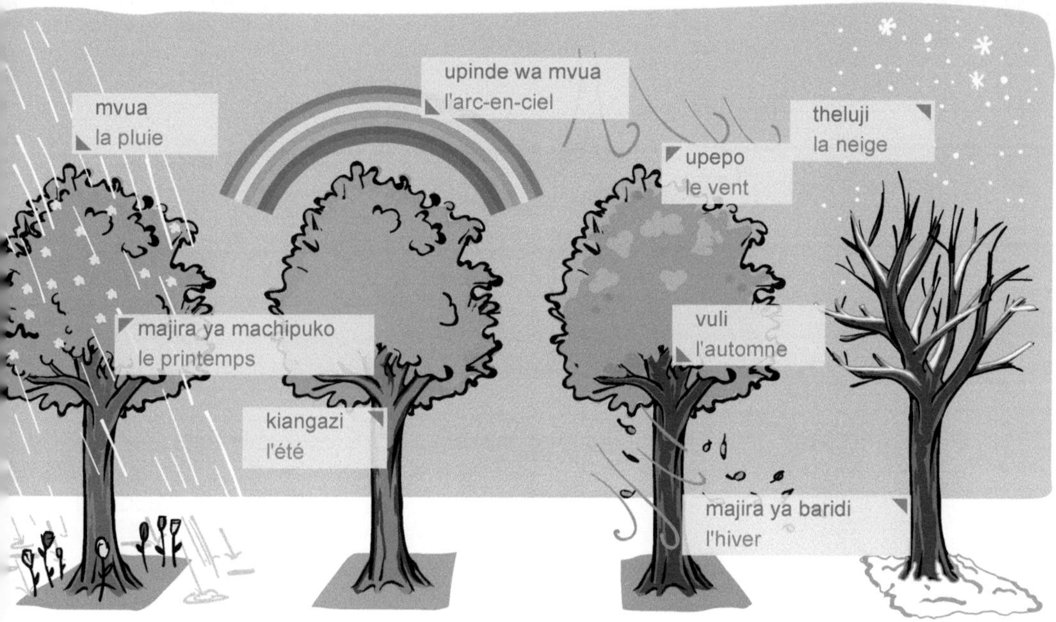

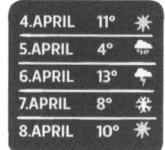

utabiri wa hali ya hewa

la météo

F C
120 40
90 30
60 20
30 10
0 0
-30 -10
-20

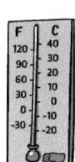

kipimajoto

le thermomètre

mwanga wa jua

la lumière du soleil

wingu

le nuage

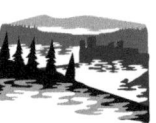

ukungu

le brouillard

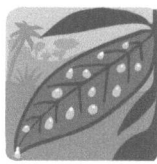

unyevu

l'humidité

umeme

la foudre

radi

la tonnerre

dhoruba

la tempête

mvua ya mawe

la grêle

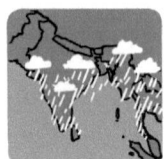

monsuni

la mousson

mafuriko

l'inondation

barafu

la glace

Januari

janvier

Februari

février

Machi

mars

Aprili

avril

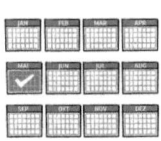

Mei

mai

Juni

juin

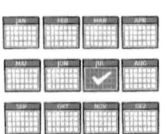

Julai

juillet

Agosti

août

mwaka - l'année

Septemba

septembre

Oktoba

octobre

Novemba

novembre

Desemba

décembre

maumbo
les formes

mduara

le cercle

mraba

le carré

mstatili

le rectangle

pembetatu

le triangle

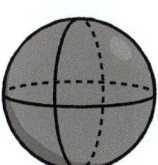

nyanja

la sphère

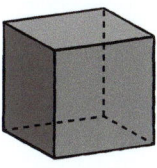

mchemraba

le cube

nyeupe

blanc

manjano

jaune

chungwa

orange

rangi ya waridi

rose

nyekundu

rouge

hudhurungi

violet

bluu

bleu

kijani

vert

hanja

marron

jivujivu

gris

nyeusi

noir

mengi / kidogo

beaucoup / peu

hasira / pole

fâché / calme

nzuri / mbaya

joli / laid

mwanzo / mwisho

le début / la fin

kubwa / ndogo

grand / petit

angavu / giza

clair / obscure

kaka / dada

frère / soeur

safi / chafu

propre / sale

kamilika / tokamilika

complet / incomplet

siku / usiku

le jour / la nuit

wafu / hai

mort / vivant

pana / nyembamba

large / étroit

kulika / kutolika

comestible / incomestible

ovu / ema

méchant / gentil

sisimkwa / udhika

excité / ennuyé

nene / nyembamba

gros / mince

kwanza / mwisho

le premier / le dernier

rafiki / adui

l'ami / l'ennemi

jaa / tupu

plein / vide

ngumu / laini

dur / souple

nzito / nyepesi

lourd / léger

njaa / kiu

faim / soif

mgonjwa / mwenye afya

malade / sain

haramu / kisheria

illégal / légal

akili / kijinga

intelligent / stupide

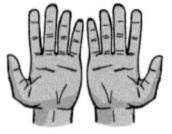

kushoto / kulia

gauche / droite

karibu / mbali

proche / loin

mpya / kutumika

nouveau / usé

kitu / jambo

rien / quelque chose

zee / changa

vieux / jeune

waka / zima

marche / arrêt

wazi / fungwa

ouvert / fermé

utulivu / kelele

faible / fort

tajiri / masikini

riche / pauvre

sahihi / kosa

correct / incorrect

mbaya / laini

rugueux / lisse

huzunika / furahia

triste / heureux

fupi /ndefu

court / long

polepole / haraka

lent / rapide

nyevu / kavu

mouillé / sec

joto / baridi

chaud / froid

vita / amani

la guerre / la paix

nambari

les nombres

0

sufuri

zéro

1

moja

un / une

2

mbili

deux

3

tatu

trois

4

nne

quatre

5

tano

cinq

6

sita

six

7

saba

sept

8

nane

huit

9

tisa

neuf

10

kumi

dix

11

kumi na moja

onze

12

kumi na mbili

douze

13

kumi na tatu

treize

14

kumi na nne

quatorze

15

kumi na tano

quinze

16

kumi na sita

seize

17

kumi na saba

dix-sept

18

kumi na nane

dix-huit

19

kumi na tisa

dix-neuf

20

ishirini

vingt

100

mia

cent

1.000

elfu

mille

1.000.000

milioni

le million

Kiingereza

l'anglais

Kiingereza cha Marekani

l'anglais américain

Kimandarini cha Uchina

le chinois mandarin

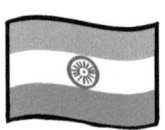

Kihindi

le hindi

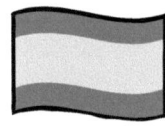

Kihispania

l'espagnol

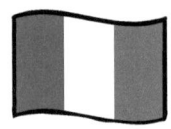

Kifaransa

le français

Kiarabu

l'arabe

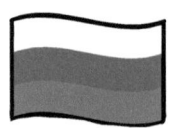

Kirusi

le russe

Kireno

le portugais

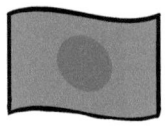

Kibengali

le bengali

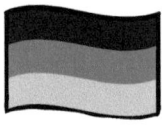

Kijerumani

l'allemand

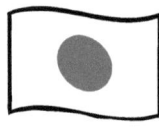

Kijapani

le japonais

mimi

je

wewe

tu

yeye / yeye / ni

il / elle / ce, c', cela

sisi

nous

wewe

vous

wao

ils / elles

nani?

Qui ?

nini?

Quoi ?

jinsi gani?

Comment ?

wapi?

Où ?

lini?

Quand ?

jina

le nom

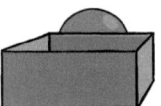

nyuma
....
derrière

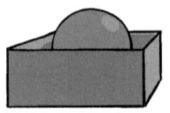

katika
....
dans

mbele ya
....
devant

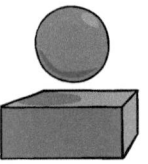

juu ya
....
au-dessus

kwenye
....
sur

chini ya
....
en-dessous

kando
....
à côté de

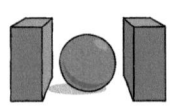

kati
....
entre

mahali
....
le lieu